Daniel Heinrich Thomas

Anakreontische Erzählungen

1. Band

Daniel Heinrich Thomas

Anakreontische Erzählungen
1. Band

ISBN/EAN: 9783743429154

Hergestellt in Europa, USA, Kanada, Australien, Japan

Cover: Foto ©ninafisch / pixelio.de

Manufactured and distributed by brebook publishing software (www.brebook.com)

Daniel Heinrich Thomas

Anakreontische Erzählungen

Anakreontische Erzählungen.

Rostock und Greifswald,
bey Anton Ferdinand Röse.
1765.

Dem

Hochedelgebohrnen Herrn,

HERRN

Carl Abraham

Gütschow,

Berühmten Kaufmann

in Lübeck.

Liebster Freund!

Ihre am 31. Januar d. J. vollzogene glückliche Verbindung mit Ihrer liebenswürdigen Wilken hätte von mir und Ihren hiesigen besondern Freunden billig erheischt, einen so festlichen Tag zu besingen; um so mehr, da Sie, und unser vortreffliche v. H. uns stets mit dem Titel Ihrer freundschaftlichen Familie beehrten. Aber ein neidisches Verhängniß setzte uns alle ausser Stande, diese Pflicht zu erfüllen. Sie wissen die damalige Verfassung unsers R. und können sie am besten beurtheilen. Sie wissen, daß besonders um diese Zeit die Leyer unsers B. für dem Geräusch der Landjunker und Pächter, gar nicht zum Wort kommen kann; und daß V. in der Monadenlehre viel wich-
tige

tige Entdeckungen zu machen, im Begriff ist. Und ich — — — o, wie sollte ich mich erkühnen meine Stimme zu erheben, da so gelehrte Männer schwiegen? Kurz, wir würden Ihre Schuldner bleiben, oder wenigstens bonis cediren müssen, wenn uns nicht mein vortreffliches Handwerk noch rettete. Die Verleger haben schon längst die löbliche Gewohnheit, anderer Leute Arbeit als ihr Eigenthum anzusehen, und solche ihren Gönnern und Freunden zuzueignen. Und wie billig auch ich mich dieses Vorrechts anmaße, davon kann Ihre eigene Bibliothek vom kleinsten Format bis zum Folio-Bänden, einen Rechts-beständigen Beweis führen. Ueber dieses habe ich von dem Herrn Verfasser dieser Gedichte, Ihrem und meinem Freunde, die besondere Erlaubniß, Ihnen, Liebster Freund! dieselben in

bester

bester Form Rechtens zuzueignen. Ich gehe freylich etwas weiter, als das Herkommen, und eigne Ihnen dieselben im Namen einer ganzen Familie (wo Sie uns nicht etwa nur gar für ein Fragment einer Familie halten) zu; aber das thut nichts zur Sache. Sie als ein ehemaliger *JCtus* werden dieses leicht aus einer alten Rechts-Regel zu entschuldigen und zu vertheidigen wissen.

Gewiß, Liebster Freund! Sie verlieren nichts bey unserm bisherigen Stillschweigen. Wir haben nun Gelegenheit, Ihnen Gedichte zu überreichen, die Ihrem feinen Geschmack angemessen und Ihrer würdiger sind, und deren Schönheit wir nie würden erreicht haben. Nehmen Sie also diese Anakreontische Erzählungen als Zeichen unserer Hochachtung, Freundschaft und Liebe auf; lesen Sie Ihrem liebenswürdigen Fiek-

Fiekchen bey Gelegenheit solche vor, die sich auf Ihren Zustand schicken, und versichern Ihr allemahl dabey, daß wir Sie Beyderseits hochschätzen, und zu Ihrer so glücklichen Verbindung und für Ihr dauerhaftes Wohl die feurigsten Wünsche abstatten.

Leben Sie beständig wohl, glücklich und vergnügt, und fahren fort uns zu lieben: So, wie Ihnen von unserer beständigen Freundschaft hiemit die feyerlichste Versicherung giebt

Ihr

Rostock,
ten 28. Febr. 1765.

treuester Freund
Der Verleger.

An Selinden.

Sanft sey mein Lied, wie Wangen junger Schönen,
Die Liebreiz ziert, und Rosenröthe malt:
Es fliesse leicht in schmeichelhaften Thönen,
Leicht, wie der Fluhr die Frühlingssonne strahlt,
Für dich, Selinde, will ich singen,
Auroren gleich, auf Purpurschwingen
Entfliegt mein Genius empor;

Und

Und seine Liebeslieder fühlet
Der Scherz, der in den Rosen spielet,
Und der Najaden lauschend Chor.
Dann steigt er mit dem Morgenwinde
Zum Himmel an, von dem er kam,
Von dem dein göttlich Bild, Selinde,
Die Schönheit, ihren Ursprung nahm.

Die verfolgte Najade.

Eucharis war die liebenswerthste Najade. Jeden Frühling kam sie nach Paphos, und feyerte die Spiele der Schönheit: glückliche Spiele der Unschuld! Die Knaben tanzten und die schalkhaften Mägdchen. Ich tanzete auch. Ein Liebesgott führte den Reihn, und süsser Affekt empörte die Herzen.

Denn wallt nicht der Affekt der Liebe
In jedem Busen auf, den Cypripor belebt?
Und widerstrebet ihr, ihr fühlet zarte Triebe,
Wie sehr ihr ihm auch widerstrebt. ―――
Das muthwillige Lächeln gauckelte allenthalben auf den Wangen der Mägdchen umher, und entzückte die tanzenden Knaben. Eines derselben entzückte auch mich. Jetzt wollt' ich es haschen, wollte es von Eucharis Wange hinweg küssen; doch da verlohr sich die Nymphe. Traurig eilete ich durchs Thal ihr nach, suchte sie an den Bächen und auf den Blumenhügeln. Phyllis, hier sahe ich dich. Du lächeltest, du warst schön:

Schön, wie die junge Rose,
Die an der Schattenlaube
Ein kühler West erfrischt;
Schön, wie der Saft der Traube,
Den Cypripor der lose
In Liebestränke mischt;
Schön, wie ein Sommertag, der über
Blumen blicket,
Die Gegenden belebt, und die Natur ent=
zücket.

Ich hielte dich für die Nymphe. Weißt du noch, wie ich dir entgegen hüpfte? wie ich flog, dich zu umarmen? Willst du mich lie=ben, fragte ich zärtlich: willst du mich lie=ben, du Nymphe? — Du schwiegest, rei=zende Phyllis.

Da fragten meine Augen
Die deinigen durch Blicke:
Du Nymphe, willst du lieben?
Kein Mägdchenauge heuchelt;
Drum sagten mir die deinen,
Daß du mich lieben wolltest.

Schmachtend sankst du darauf in meinen Arm zurück. Ich küssete dich; himmlischer Kuß! —

und

und sanfte Röthe verbreitete sich auf deine Wange. Nun erkannte ich, daß du nicht Eucharis, daß du ein sterbliches Mägdchen warst, daß ich mich geirret hatte. Du wolltest entfliehen, ich bat: du wurdest zärtlich, weil ich dich liebte. Nunmehr verfolgte ich Eucharis nicht weiter: Phyllis gilt mir mehr, als die schönste Najade.

Der Schutzgeist der Ehen.

An dem Attischen Ufer lebte, fern von dem Getümmel der Stadt, eine reizende Schönheit. Hiacynthe war ihr harmonischer Name. Das Glück hatte ihr nur des Reichthums entbehrliches Uebermaaß versagt, aber die seltenern Gaben der Schönheit waren ihr reichlicher ausgetheilt.

Die Anmuth herrscht' in ihren Blicken,
Ihr Mund sprach himmlisches Entzücken,
Die Wange wich den Rosen nicht.

Man malte sie, wenn man die Jugend
malte,
Der Geist, der ihr vom Antlitz strahlte,
Der Gang, die Mine, das Gesicht,
Ihr Scherz, ihr Lächeln, ihr Beginnen
War mehr, als man von Huldgöttinnen
Und Paphos Nymphen spricht.

Athen bewunderte sie, und in ihr die vollkommene Schönheit. Allein ein widriges Schicksal bestimmte dem liebenswürdigsten Mägdchen zu früh Proserpinens Unglück. Ein Philosoph (ach vielleicht war er sonst nicht gegen die Liebe empfindlich!) ein Philosoph begehrt Hiacynthen zum Weibe: der Areopagus bewilliget sie ihm.

Verruchter Mund, dem dieser Spruch entfuhr!
Für Philosophen war die Schöne nicht geschaffen:
Doch, Götter, wollt ihr sie mit einem
Weisen strafen,
So straft sie mit dem Epikur.

Vergebener Wunsch! die Schickung hatte es anders beschlossen. Wenn ihre Leiden die

Jugend und die Unschuld treffen, so verbeut sie es nicht, daß unser Mitleid ihre Schläge begleite. Und wer verdienete mehr bedauert zu werden, als Hiacynthe!

Denn sie, die sonst der Knaben Freude,
Die sie, die sonst, bey aller Schönen Neide,
Die Königinn der Mägdchen war,
Sie, deren Reiz, gepflegt vom Weste,
In jedes Herz Empfindung flößte,
Und aller Herzen Sehnsucht war,
Die ward zu früh im Ehestande
Das allermitleidswerthste Weib,
Zur Schönheit und zu Hymens Schande
Des Philosophen Zeitvertreib.

Kein kläglicher Schicksal konnte deiner warten, arme Hiacynthe! Ein Weltweiser ist niemals der beste Ehemann gewesen. —— Zwar Hiacynthe trug ihr Schicksal mit Geduld, aber sie zu rächen, verordnete Zevs den Ehen einen Schutzgeist. Kennet ihr den Bruder Cypripors nicht? den Gott mit dem goldenen Horne?

Die Schöpfung der Rose.

Danket der Schönheit, ihr Jünglinge, danket ihr, Mägdchen! Sie hat den Sohn der Venus gedemüthiget, den gewaltigen Knaben, den stolzen Eroberer.

An den Wipfeln des Ida lag er unter duftenden Veilchen verborgen, ganz List, und voll Projekte, sich Sklaven zu fesseln. Da floh ein Mägdchen durchs Thal hin, schön, wie der Frühling, und jung, wie der Morgen.

Selbst Göttern ist die Schönheit nicht gleichgültig. —— Amor lobet den Gang, und das Haar, und den Busen des Mägdchens, und forscht mit schmachtendem Auge nach ihr. Wenn sie in die Blumen sich niederbückt, hängt er schmeichelnd an ihrer Wange, und begegnet ihrem Blick, indem sie den Westwinden nachlächelt, die ihre Locken zerstöhrten.

Amor, was fühltest du da? sollte ein irrdisches Mägdchen den Gott der Zärtlichkeit bezaubern? —— Jede Schönheit, sprachst du, und langtest nach deinem schreckbaren Köcher;

jede

jede Schönheit gönne ich, Sterbliche, euch, nur diese verwundet Amor für sich. —

Aber vergebens. Er hatte seine Waffen zu Päphos vergessen. Da weinete der kleine Gott, das erstemal weinete er auf die Fluhr hinab, und verschönerte sie. Cypris sah diese kostbare Thräne, und ließ aus derselben eine Blume hervor blühn. Ihr Duft war süsser, als Honig vom Hymettus, ihre Farbe gleich der erröthenden Unschuld. Die Grazien warteten ihr, und nenneten sie eine Rose. Sie ward die Königinn der Blumen, das Bild der Schönheit und Jugend. Dichter beten sie auf den Wangen der Mägdchen an.

Cytherens Nymphe.

In den Seklen der Unschuld trug Amor keine Waffen. Damals that noch die Schönheit nicht spröde, und Buhlerinnen verführten das Geschlecht der Sterblichen nicht. Die Mägdchen waren zärtlich, Cidalise, wie du, und niemals durfte ein Jüngling vergebens seufzen.

> Mit blühnder Wange, holden Blicken,
> Mit schönem Haar und schönrer Brust,
> Mit Minen, welche sanft beglücken,
> War jede ihres Jünglings Lust.
> Es floß im weichesten Gefühle
> Ihr Leben heiter, wie der May,
> Und Unschuld waren ihre Spiele,
> Natur war ihre Tändeley.

Die Grazien waren noch nicht besonders zu den Geheimnissen Cytherens eingeweyhet. Alle Mägdchen dienten am Altare der Göttinn, und die Charitinnen waren die schönsten derselben. Liebreiz, Jugend und Zärtlichkeit wohn=

wohnten allenthalben auf einer Erde, welche
Venus beherrschte.

Die Göttinn hatte sich, denn keine Fluhr
war wilde,
Noch nicht nach Paphos hingewandt,
Ihr blühte jeglich Thal, und jegliches
Gefilde
Trug Rosen, wie der Cyperstrand.

Dies war das goldene Jahrhundert: damals
blühte Arkadien, wovon man nur noch in den
Gesängen der Dichter vernimmt. Doch Amorn
mußte bald einer Ruhe in den Staaten der
Liebe ekeln, bey welcher man nicht flatterhaft
seyn konnte. Immer schon war dieser Muthwillige ein wenig schwärmerisch gewesen.

Er eilte also mit den Scherzen
Zum Sirius hinan, wo seine Fackel glüht,
Und für die Sehnsucht frey'rer Herzen
Ein sorgenloser Frühling blüht.
Ihm folgten alle Schmeicheleyen,
Die Anmuth, das Gefühl, die süssen
Träumereyen,
Die Freude, die Gefälligkeit
Und glückliche Zufriedenheit.

Venus

Venus konnte ihres Lieblings nicht lange entbehren: Sie selbst stieg endlich in den Himmel. — Welch ein Verlust für die Menschen! Aber um diese Unglücklichen nicht ganz zu verlassen, schickte sie der Nymphen eine aus ihrem Gefolge zurück;

Ein Mägdchen, das an Reiz, an Zärtlichkeit der Minen
Den kleinsten Zug der Schönheit nicht verlohr,
Schlau, lebhaft, hold; wie Cypripor,
Sanftschmeichelnd; wie die Huldgöttinnen,
Groß und erhaben im Beginnen:
Naiv, und schlank, und fein,
Zwar keine Grazie, doch würdig es zu seyn.

Paphos Beherrscherinn hatte dies Mägdchen unter Liebesgöttern erziehen lassen, wo es mit allen Vergnügen des Olympus begabet ward, mit allen Talenten, die wir an den Göttinnen bewundern.

Um ihre Stirne schwärmt, damit er sie erfrische,

Ein

Ein junger, lauer West, der muthig sich erhebt,
Indeß, von seinem Spiel belebt,
Die Anmuth und der Scherz in frölichem Gemische
Ihr um den holden Busen schwebt.
Ihr Mund, dem keine Schönheit fehlet,
Entzücket sanft, indem er spricht,
Ein Glanz, der jede Brust beseelet,
Umstrahlt ihr liebreich Angesicht.
Und Rosen neigen mit Erröthen
Vor ihrem Schritte sich, und dreyfach reizender
Sprühn sie, von ihrem Fuß betreten,
Den schönsten Balsam weit umher.

Cidalise, hast du jemals die Nymphe gesehen? Arkadien nannte sie die eheliche Liebe: und in den wilderen Weltaltern hat sie oft zweyen harmonischen Seelen das Glück der goldenen Zeiten gewährt.

Geschichte
des
Schmetterlings. (*)

Zevs Zorn ergrimmete einmal
Auf Amorn, den verwegnen Knaben,
Auf Amorn, dessen Liebesquaal
Selbst Götter auch empfunden haben.
Denn hatte nicht der lose Gott
An seiner Mutter Siegeswagen
Den König des Olymp zum Spott
Gefesselt oft einhergetragen?
Drum schaut auf Donnern aus der Höh
Zevs mit verwandlungsvollem Blicke
Auf den Verwegnen — zittere,
Cythere, ach! für sein Geschicke!
Weh ihm! ihr Liebling dahlt nicht mehr
(Weh ihm, dem sonst beglückten Sieger
Der Sprödigkeit!) um Herzen her,
Und bändigt sie, ein schlauer Krieger!
Schon

(*) Nach dem Franz. des Kard. Bernis.

Schon trug, statt weicher Arme, ihn
Ein flatternd azurblau Gefieder,
Ein Glanz, der wie vom Golde schien,
Umfloß die farbenreichen Glieder.
Man siehet ihn, wo er sonst ging,
Nicht mehr mit Mägdchen sich vergnügen,
Denn Amor kann als Schmetterling
Nur noch von Blum' auf Blumen fliegen.
Voll Wehmuth blickt er auf die Flur,
Und will sein strenges Schicksal klagen.
Ach Cypripor, empfinden nur,
Empfinden kannst du es, nicht sagen!

Doch Jupiter beruhigt sich,
(Er schlägt nicht lange, wenn er schläget;)
Auf spricht er Amor, tröste dich,
Der Zorn ist hin den ich geheget. —

Da ward er wieder, was er war,
Tanzt vor der Mutter hin, sein Bogen
Droht mit gedoppelter Gefahr
Die Herzen, die er längst betrogen.

Doch

Doch von der Straf' nicht ganz befreyt,
Läßt Jupiter ihm seine Flügel
Zum Zeichen seiner Flüchtigkeit,
Und schnell durchstreift er Wald und Hügel.

Nun ward die Liebe flatterhaft;
Verliebte, denkt sie nicht zu zwingen,
Sie lernte diese Eigenschaft
Von ungetreuen Schmetterlingen.

Der Triumph.

Wie lange, Amor, schlummerst du!
Wie lange werden noch die unbesiegten
Schönen
Im Schooße träger Ruh
Die faulen Waffen höhen!
Soll Amathunt, soll Paphos nur
Das Zepter Dionäens küssen?
Umsonst; es müsse jede Fluhr
Die Liebeslisten Amors wissen.
Du zögerst? — reiche mir ihn her,
Unthät'ger Liebesgott, den weggeworfnen
Köcher!
So sey ich Sterblicher,
Was vormals Amor war, verschmähter
Liebe Rächer.
Dann will ich, wie ein Kriegesgott,
Durch alle Thäler gehn, und Mägdchen
überwinden:
Dann will ich Sieger sie zum Spott
An Byblis Siegeswagen binden. —

So schmählete ich mit Amorn, da ich noch unerfahren war, und die Macht der Schönheit nicht kannte. Der Liebesgott lächelte sanft. Jüngling, sprach er: du kennst die gewaltigen Wirkungen der Schönheit nicht. Weißt du es, daß die Mägdchen auch Waffen haben? — mächtige Waffen, sich zu vertheidigen, gleich denen, worüber Laertes Sohn und der kriegerische Ajax vor den Augen des versammleten Griechenlands zankten.

Der Blick von einem schönen Kinde,
Ihr lockigt wallend Haar, das Spiel verbuhlter Winde,
Ihr Anstand, jede Mien', ihr schmeichlerisch Genie,
Ihr Mund, der unbewußt entzücket,
Das Aug, aus welchem Geist und edle Sanftmuth blicket,
Die Wange, die gefällt, und stets gefallen sie:
Ein voller Busen, stille Thränen:
Ha! diese Waffen junger Schönen,
O Jüngling, siegen ohne Müh.

Aber ich achtete die Vorstellungen Cypripors nicht. Hier, antwortete ich,

Hier,

Hier, wo im nahen Thal die dichten Bü-
chen stehn,
Wo die Zephyre sich im weichen Grase
wiegen,
Da seh ich Mägdchen sich ergehn,
Stolz, tändelnd, jung und schön,
Und werth, sie zu besiegen.
Sie blühn, wie wenn am Bach die still:
Lilie
Aurorens Rosenfinger kühlet,
Sie sehn wie eine Grazie,
Die um der Schönheit Busen spielet.
Hönisch lächelt ihr Auge. Amor, siehst du
es, Amor? — sie spotten der zaghaften
Waffen des Liebesgottes. Nur mich, mich
sollen sie nicht spotten. Dieser Pfeil, tief
mag er ihr Herz verwunden, das ungebän-
digte Herz!
Und wird es blutend vor mir liegen,
So will ich, kühn zu neuen Siegen,
Hoch über Berg und Hayn entfliegen. —
Ruhig blickten die Mägdchen mich an, als ich
mit Amors Waffen drohte, mit dem Bogen
um meiner Schulter, den ich nicht zu führen
wußte.

wußte. Ich fühlte den Blick, und warf die Waffen von mir;

Denn meine Brust, die kaum von Siegs-
gedanken schwoll,
Ward zärtlich, ward empfindungsvoll,
Und spähte ungewohnte Triebe:
Ich sah mit sehnsuchtsvoller Lust
Auf Doris Mund, auf Doris Brust,
Und fühlete die Liebe.
Der Liebesgott entweicht, und spricht:
(Hier schüttelt er sein schön Gefieder,
Und eilt auf nahe Rosen nieder
Mit sanfter Freude im Gesicht;)
„Erkenne, eh ich weiter fliege
„O Jüngling, holder Mägdchen Siege;
„So triumphirt ein schön Gesicht.

Seitdem, Doris, habe ich deine Fesseln getra-
gen, die liebenswerthen, die glücklichen Fesseln.

Die Rache.

Oft quält auch Amor die Busen der Mägdchen; aber niemals, niemals noch hat er sie ungestraft gequält. Wisset ihr, wie einst Fatime sich rächte? —— Cleon, der schmeichelnde Cleon, liebte sie lange: er, um welchen oft die schönsten Hirtinnen sich zankten. Wenn sie sich in dem Rosenhayn, an den schwatzenden Bächen ergieng, dann schlich er ihr nach, sang seine zärtlichen Lieder und lobete sie. Doch sie verschmähte sein Lob und seine zärtlichen Lieder, und floh, gleich einem Reh, das die Netze Dianens scheuet. Vergebens brach er ihr, wenn der Morgen begann, die frischesten Blumen. Die Sonne stieg für Beglücktere aus den Armen der Thetys; aber kein Tag sahe Fatimen die Sehnsucht ihres Schäfers belohnen. Ihr Stolz erfüllte die Fluhr: man sprach nur von der Treue des Cleon, und von der Fatimens Sprödigkeit.

Konnten so viele Seufzer, konnte so viele vergebne Bemühung der Aufmerksamkeit Amors

Amors entwischen? Den Augen des Liebesgottes, der so schlau für die Rechte der Zärtlichkeit wacht? —— Er wafnet sich mit den verwegensten Liebeslisten, fleucht drohend um die Schönheit daher, und will Fatimens Herz bezwingen. Seht den geschäftigen Gott, wie er die Schwermuth, wie er alle Leiden der Liebe versammlet! Schon steckt sein Pfeil in dem Herzen der Spröden.

Zwar du triumphirest, Amor, und Fatime fühlt die sanften Schmerzen der Liebe; doch wisse, daß man den Stolz der Schönheit nicht vergebens beschimpft. Siehst du es, wie ihr Busen wallet, wie die Wange ihr glühet? —— Das sollten Spuhren der Zärtlichkeit seyn? —— Unwissender Amor, lerne hier ein erzürntes Mägdchen kennen. O wie drohet Fatime! bald wird die Fluhr vor ihrer Rache erstaunen. Der Zorn der Schönheit ist schrecklicher, als Ungewitter des Meers.

Blickt sie nicht schon mit wildem Auge nach Cleon, der dort betrübt in den Rosen schläft, und vielleicht von einem besseren Schicksale träumet, als ihm Fatime gewähret? Bedecke ihn,

ihn, Amor, bedecke ihn mit deinem siegenden Schilde, und laß ihm seinen Traum nicht rauben, das einzige Glück, das ihm die Liebe noch gönnet! — Ach! jetzt sieht sie den Schläfer! zittert, nun wird sie sich rächen! Da weckt sie ihn, und schmählt, daß er sie liebt. Cleon, spricht sie, bald dürfte ich zur Strafe dich küssen.

Der Schwaan der Venus.

Anakreon war der glücklichste Jüngling von Teos. Fraget nicht, ob er schön gewesen sey, Mägdchen! — Er war der Dichter der Liebe.

Um seine Stirne lief ein Kranz von holden
    Rosen
Mit Rebenblättern untermengt,
Indem ein lauer West, den Hauptschmuck
    liebzukosen,
Leicht an den Rebenblättern hängt.

Er sang, wenn ihn ein Kuß berauschte,
Der aufmerksame Nachhall lauschte,
Und thönete, ganz Harmonie,
Die wollustvollen Liebeslieder
Im Thal und von Gebürgen wieder,
Und alle Schönen fühlen sie.
Und alle wollten Blumen pflücken,
Dem Dichter, der so lieblich sang,
Die sanfte Leyer auszuschmücken:
O welcher Leyer wird doch jetzt wohl dieser
   Dank!

So lebte Anakreon seine Jugend hin. Liebe und Frölichkeit waren seine Geschäfte, von denen er auch im Alter sich niemals entfernte.

Er mischte sich mit silberweissem Haare
Noch unter Amors muntre Reihn,
Und trank mit silberweissem Haare
So muthig, wie ein Jüngling, Wein.
Sie selbst, der Nacht vertraute Stunde
Und sorgenschwangrer Einsamkeit,
Verfloß ihm auf geliebtem Munde
Im Schoosse der Verschwiegenheit.

Aber unter diesen Freuden erstickte der Dichter an einem Traubenkerne.

Da

Da klagten einsam die Camönen:
Anakreon, er ist, ach! ist nicht mehr! —
Mit ihnen klagten holde Schönen:
Anakreon, er ist nicht mehr! —
Auch Amor und Lyäus traurten,
Und alle Grazien bedaurten:
Er ist nicht mehr! —

Die Tändeleyen, und Liebesgötter, und Scherze weineten; und Cypris, deren Stirne immer unumwölkt Ruhe und himmlische Glückseligkeit lächelt, fühlete einen geheimen Gram über den Tod ihres Dichters. Mit dreyen Götterblicken heftete sich ihr Auge auf seinen Leichnam, dann ließ sie ihn von den Westwinden nach Paphos hinüber tragen. Da ward er der schönste, der geliebteste Schwaan an dem Wagen der Göttinn.

Elmire.

Elmire.

An der Rosengrotte,
Wo die Liebesgötter
Mit den Scherzen spielen,
Pflanzt der Gott der Trauben
Einen jungen Weinstock,
Den mit Liebesthränen
Schöne Nymphen wässern.
Nur Elmire wässert
Diesen jungen Weinstock
An der Rosengrotte
Nicht mit Liebesthränen;
Weil sie niemals thränen,
Liebesthränen, weinet.
Drauf ergrimmet Amor,
Und schießt an dem Weinstock
Einen seiner Pfeile
In Elmirens Busen,
Daß der Busen blutet,
Und das Blut vom Busen

Auf den Weinstock fließet.
Seitdem trägt der Weinstock
An der Rosengrotte
Niemals weiße Trauben.
Seitdem trägt der Weinstock
An der Rosengrotte
Immer rothe Trauben,
Und Lyäus trinket
Gern in dieser Grotte.

Lehren der Liebe.

Nären, (so sprach Philinde, denn sie war nur dreyzehn Sommer alt, und unschuldig, wie Arkadiens Schönen,) immer, Nären, singen die Schäfer die Liebe, und seufzen um Küsse der Mägdchen.

Einst saß ich bey Daphnen, meiner Gespielinn, auf duftenden Raasen. Ich liebe sie auch; aber das muß nicht die Liebe seyn, von welcher damals Alexis sang. Glücklich, — so thönte sein Lied einsam im Erlenwalde, — glücklich seyd ihr, ihr Tauben! In dem
Schooße

Schooße der Liebe fließen euch frölich eure wenigen Tage dahin. Ihr breitet die glänzenden Flügel über einander aus; dann steigt Wonne, Wonne der Liebe, in eure zärtliche Busen hinab. Nur Alexis muß diese Wonne nicht kennen. —— Traurig seufze ich mit der sanftklagenden Tochter Pandions, liebe immer, und werde niemals geliebet. Ach niemals lächelt mir Iris! Entdecket ihr, glückliche Tauben, mein hoffendes Herz, und ihr Westwinde, traget ihr meine Sehnsucht hinüber!

Er sang auch von Küssen, die ihm Iris versagt hatte. O lehre mich, Schäfer: was ist küssen? und laß mich die Liebe recht kennen. ——

Schalkhaft lachte Nären bey der Unschuld des Mägdchens. „Setze dich zu mir, Phi„linde; ich will dich die Liebe lehren. Hast „du niemals Hirten gesehn mit lächelnden „Augen und lockigten Haaren? die gern an „deiner Seite ihre Lämmer weiden, und „Blumenkränze dir binden? Oft seufzen sie, „und sehen aufmerksam den Schönen zu,
„wenn

„wenn sie auf Morgenrosen tändeln, werden
„traurig, und reden durch Blicke. Gestehe
„mir, Mägdchen: spührst du nicht bey ihren
„Blicken, bey ihren Geschenken, die sie sanft
„an den Busen dir drücken, eine geheime
„Sehnsucht, diese Schäfer immer zu sehn?
Ha! traurig sah ich dich oft deiner Hütte zu-
„treiben, wenn der Abendstern dir winkte,
„und du den Sohn des Alcys verlassen muß-
„test, den nußbraunen Hylas. — Noch
„trägst du den Strauß, obgleich verwelkt, an
„dem Busen, denn er beym letzten Hirten-
„tanze dir brachte. Lerne, Philinde: das
„sind die Folgen der Liebe. Aber ein Kuß?—
„Dies ist er." — Er küssete sie.

Philinde erröthete bey dem ersten Kusse
des Jünglings. Welche Wollust! rief sie:
süsser ist nicht der Honig im Walde, nicht
der Duft der Violen. O laß mich sie noch
einmal fühlen, Nären! dann will ich zu der
Mutter eilen, und ihr sagen: ich kenne die
Liebe.

* * *

Ihr Schönen in den jungen Jahren,
Die edler Reiz und holde Bildung schmückt,
Wünscht ihr, die Liebe zu erfahren,
Die jede Brust mit wahrer Ruh beglückt:
Nicht an der Seite der Gespielen
Lernt ihr die sanfte Wollust fühlen,
Auch durch der Mutter Lehren nie!
Die zärtlichen, die schalkhaft muntern
   Knaben,
Die Cypriporn zu ihrem Führer haben,
Mit Rosenkränzen, lehren sie:
Und wollet ihr den Kuß, das Glück der
   Liebe, wissen,
So wählt zum Lehrer mich; wie feurig will
   ich küssen!

Die Buhlerinnen.

Einige muthwillige Mägdchen kürzten Amorn die Schwingen, da er schlief, und flatterten in die Arme ihrer Knaben zurück. — Amor erwachte, sah die strafbare That und die Ruinen seiner Flügel, und fühlete, daß er nicht fliegen konnte.

Da glühete der Gott, der sonst nur Liebeslist,
Nur Sanftmuth, nur Empfindung ist,
Von Wuth, und weiter kein Verlangen,
Als Rache, gilt ihm mehr: — O seht
den wilden Gott!

Wie ihm das Auge flammt! — Wie roth,
Wie rüstig drohen seine Wangen! —

Amor eilete zu seiner Mutter, und klagte die Frechheit der Mägdchen. Die Göttinn der Liebe tröstete ihr beleidigtes Kind, wischte die Thräne des Zorns mitleidig von seiner Wange hinweg, und beruhigte es. — Gütige Venus! so bist du nichts als Wohlthat für deine Geschöpfe? selbst für die, welche deine

Sanft-

Sanftmuth entehren? — Nur schone nicht, schone jetzt nicht die Verbrecher; ganz Paphos flehet darum, und dein entweyheter Sohn.

Was ist ein Liebsgott ohne Flügel?
Die Wollust ekelt fast, die nimmer flatterhaft:
Ich hätte gleich mit Dornen von dem Hügel
Die Uebelthäter abgestraft.

Doch für Cytheren ist verschonen ein Vorzug der Götter. — Sie nimmt Amorn in ihren mütterlichen Schooß, und wärmet ihn, und von der Wärme wachsen die Flügel. Es braucht nur eine Göttersekunde, die Flügel Cypripors wachsen zu machen. — Sehet, o sehet! da schwärmt er wieder umher!

Und prüft bereits sein neu Gefieder,
Fliegt zu dem nächsten Rosenhayn,
Kehrt zu der holden Mutter wieder,
Und fühlt es stark genug zu seyn.
Er hüpft auf ihre Brust, und küßt ihr sanft
die Wangen,
An der die Grazien mit innrer Wollust
hangen,
Und schaut von dieser Brust die Gegend
weit umher,
Wer seiner Schwingen Schänder wär'.
Em=

Empfanget, sprach er, da er sie entdeckte: empfanget den Lohn eurer Unthat, und den Fluch Amors. Zu Buhlerinnen müsset ihr werden, und verachtet seyn. ――

Alsbald entstand ein Volk von ungetreuen Schönen,
Das auf die Unschuld laurt; —— abscheuliche Syrenen.

Bacchus.

Als Knabe war ich oft in Paphos. Damals küßt' ich noch nicht, und machte die Jünglinge nicht neidisch. Einst suchte ich Rosen, die ich einem jungen Mägdchen bringen wollte. Du warst vielleicht dies Mägdchen, Lucinde: du wurdest ja auch in Paphos von den Charitinnen erzogen. Ich spielte in den Blumen herum, dir die schönsten zu suchen,

Indem ein schneller Strahl
Hellflammend, wie der Blitz, dreymal

Die Thäler heiterte, die schattigt vor mir
lagen.

Ich Knabe blickte auf, da fuhr im Sieges=
wagen

Die Mutter Cypripors und Byblus Kö=
niginn

Zu ihrem Tempel hin.

Vor ihrem hohen Siegeswagen

Zog Amor stolz einher,

Und Blumen wuchsen auf, die Fluhr ward
reizender.

Es tanzten kleine Liebesgötter

Und Scherze über Rosenblätter;

Und Nymphen, schlank, naiv, und, wie
die Liebe, schön,

Hab ich dem Wagen folgen sehn.

Hurtig sprang ich Knabe hervor, mischte mich in das Gefolge der Göttinn, und eilete mit zu dem Tempel. Da hört' ich ihre Liebeslehren. ——
Ihr Knaben und ihr Mägdchen! so sprach sie mit himmlischem Liebreiz auf den Wangen:

Ihr Knaben und ihr Mägdchen,

O wiedersteht nicht länger

Dem Glücke eurer Jugend!

O lernt die Wollust kennen,
Und ehret meine Herrschaft
Durch Küsse edler Unschuld
Und sanfte, sanfte Liebe!
Erwartet nicht das Alter,
Das krummgebückte Alter,
Das an dem Stabe schleichet;
Denn mit der Jugend fliehen
Die Scherze und die Schönheit.
Zwar wird euch mein Geliebter,
Ihr Knaben, oft verwunden:
Allein die Mägdchen sollen
Mitleidig seyn, euch küssen,
Und eure Wunden heilen. ––

Cythere sprachs; und alle Mägdchen schwuren, die Knaben zu küssen.

Auch Bacchus war bey diesem Feste zugegen, nur nicht in dem Tempel. Trinker pflegen allemal die Tempel zu scheuen.

An einer Rebenwand
   Saß er, der Gott des Weins, den Thyrsus
       in der Hand,
Und lauschte, wie die Liebe lehrte,
Und lachte, als er hörte,

>Daß Venus schöner Knaben Quaal
>Zu lindern, den Mägdchen befahl.

Aber er durfte nicht lange ungestraft lachen. Amor,

>Der Gott, den keiner ungescheut,
>Und wär' er selbst ein Gott, entweyht,

Amor traf ihn mit einem seiner Pfeile. O! wie schrie der durstige Gott, da er den Pfeil in der Wunde stecken sah, da er blutete! Aengstlich lief er zu einem seiner Traubengeländer, quetschete Weinbeeren, und wollte die Wunde mit Traubensaft heilen; jedoch vergebens. Sie schmerzte, sie blutete mehr, und die Liebesgötter triumphirten.

Lucinde, hätte mich Amor verwundet, ich wäre zu dir entflohn: würdest du dem Befehle der Göttinn ungehorsam gewesen seyn?

Klagen.

Klagen.

Der kühle Abend schwingt
Sich durch die Gegenden, denn Philomele
    singt
Bereits die letzten Liebeslieder,
Und ihre süsse Pein
Hallt aus der sanften Brust, hallt durch
    den Rosenhayn.
Um die verlaßne Leyer wieder.

Wie einsam klaget sie
An jenem Myrthenstrauch: doch welche
    Harmonie
Wagt, ihre Leiden ganz zu wehren!
Die kleine Sängrinn schlägt
Noch einmal mit Affekt, und schweigt; ihr
    Schmerz erregt
Empfindungen geliebter Thränen.

Die du entfernt von mir
Vielleicht auch da, mich liebst, wo ein be-
    glückt Revier

Verdient, um dich es zu beneiden:
Wo, Chloe, höreſt du
Auf blumenreicher Au zufriednern Liedern
zu,
Den Liedern ungekränkter Freuden!

Wird einmal dieſe Fluhr
Dich wiederkehren ſehn, ſo, Chloe, darfſt
du nur
Um meinen Schmerz die Faunen fragen.
Dann wird ein Faun vielleicht,
Der meine Schwermuth ſieht, zur Zärt-
lichkeit erweicht,
Dir meine ganze Sehnſucht ſagen.

So klagete Amynt:
Der Mond gieng glänzend auf, ein kühler
Abendwind
Umſchwebt den Hayn, ihn zu erfriſchen,
Und führt vom fernen Strand
Die Schäferinn zurück; — — wird die
geliebte Hand
Amyntens Thränen nun verwiſchen?

Der böse Traum.

Lalage war unter dem weit umhergefallenen
  Schatten einer Linde eingeschlafen. Der
Traum, der gaukelnde Traum,
  Der immer die Chimäre heischt,
  Und gern verliebte Mägdchen täuscht,
war auch in ihre Seele geschlichen, und
herrschte mit seinem verführenden Mohnstabe
ihr ungeheure Gedanken ins Herz.
  Sie sah den alten Tityrus
  Mit grauem Haupt und schwachem Fuß
  Ihr nach durch Busch und Fluhren schleichen.
  Sein zähnenloser Mund, der Mund, der
    sonst nur keichen,
  Nur seufzen, oder schmählen muß,
  Verlangte jetzt von ihr, was in beglückter
    Stunde
  Nach langer Klagen Ueberdruß
  Geliebter Schönen schönerm Munde
  Ein kühner Knabe rauben muß.
Lalage wollte vor ihm in den Wald entfliehn;
er aber sammelte seine Kräfte hinkte ihr nach

in den Wald, und wollte sie küssen. O wie schauerte sie vor dem Kusse des Alten.

 So floh, damit ihr nicht Alpheus Küsse
     raube,
Auch Arethusa einst davon:
O wär' Alpheus jung, ich glaube,
Die Nymphe wäre nicht geflohn. ——

Indessen sah Menalk die schöne Hirtinn schlafen,

 Und that, was jeder Schäfer thut;
 Denn wer verweilt wol bey den Schaafen,
  Wenn Schönheit in der Nähe ruht?

Ernstvoll betrachtete er das Mägdchen. Schon lange hatte er es heimlich geliebet, und niemals, niemals war es ihm so schön, so liebenswürdig geschienen. Die Gelegenheit, wenn sie einmal den Jüngling in einem günstigen Augenblicke anlächelt, weiß auch dem furchtsamsten Muth einzuflößen. Menalk ward kühn:

 Er küßt die schöne Schläferinn,
 Und kaum ist es geschehn,
 Als sie, selbst im schlaftrunknen Sinn,
 Schon spührt, daß es geschehn.

         Welches

Welches Mägdchen fühlt nicht, wenn es geküßt wird!——— Plötzlich fuhr Lalage auf,
und ward blaß, und hielte es für den Kuß des
Alten. Schäfer, schrie sie ängstlich, wer hieß
dich so verwägen seyn? Suche dir Mägdchen,
die deiner Zärtlichkeit würdiger sind.

Menalk zitterte, da die Schöne zornig werden wollte. Die Furchtsamkeit ist allemal
mit der ersten Liebe verknüpft. Er wollte
entfliehn, doch Lalage erwachte. Bist du es,
rief sie dem Flüchtlinge nach, dessen Blödig-
keit sie schon lange mißbilligte:

Bist du es, mein Menalk? störst du im
      Schlafe mich?
Warum entfliehst du ins Gebüsche?
Ich zürnte nicht auf dich:
Ein böser Traum bethörte mich.
O wirf an meiner Seite dich
In diese Blumen hin, daß uns der West
      erfrische!
Und, lieber Schäfer, schlummre ich,
Dann sey nur dreist; und wecke mich.

Aber er erwartete nicht, daß sie geschlummert hätte. Er küßte, und verlohr sich mit ihr ins Gebüsche. —

O Liebe, Liebe findest du
Ein Mägdchen einst allein,
Das träumt, so führe sie mir zu,
Ich will den Traum zerstreun.

Der Mägdchenraub.

Sonst war ich ein Schüler Anakreons. Er lehrte mich küssen. An einem Götterfeste suchte ich seine Lehren zu üben.

Ich scherzte auf Naidens Schooß,
Und spähte, wie mein Blick, voll Sympathie und Liebe,
Ihr Zärtlichkeit und sanfte Triebe
Harmonisch in die Seele goß.
Ich sah, (wie schwellte sich mein Busen für Verlangen!)
Ich sah, wie über ihre Wangen
Die Farbe blühnder Unschuld floß.

Wer

Wer sollte dich nicht küssen, liebste Naide, da du so reizend warst! Ich that es, und machte die Götter aufmerksam. Pan — vielleicht bewog ihn der Verlust seiner Syrinx zum Neide — Pan verhieß den Göttern einen Scherz. Jüngling, sprach er, und nahte sich mir: dieses Mägdchen will ich dir rauben, denn sie gebühret einem Gott; aber die Bewohner des Olympus versprechen dir dafür ihre Belohnungen.

Zevs schenkt dir ein erhabnes Glück,
Alcides Stärke, Juno Ehre,
Minerva Weisheit und Geschick,
Ein reizendes Gesicht Cythere:
Die Flöte lehret dich Apoll,
Der Blumen Göttinn, Flora, soll
Dein Haar mit steten Rosen kränzen:
Dich, Jüngling, wird der beste Wein,
Den Bacchus je gepflanzt, erfreun;
Noch mehr, du sollst ein Halbgott seyn,
Und unter dem Gestirne glänzen.

Dies sagte der Gott, und wollte mit Naiden davon fliehen. Betrübt sah ich ihm nach und dem Mägdchen, und weinte. Beste Naide,

kann

kann man dich gleichgültig in den Armen eines andern sehn? — Nein, Pan; nein, ihr Götter! schrie ich:

Nehmt eure schimmerreichen Gaben,
Nehmt sie, nehmt sie zurück,
Und lasset mich dafür mein Glück,
Mein schönes Mägdchen, ewig haben. —

Da lachte Pan, da lachten die Götter; und der bockfüßige Hirt verließ Naiden, die ich umarmte.

Myrtill.

Hier, Zephir, hier in diesen Rosen, in dieser einsamen Grotte des Frühlings mußt du ferner nicht spielen; oder führe dieses Mägdchen weg, die schalkhafte Phyllis. Immer löset sie hier ihren wallenden Busen auf, daß du ihn kühlen sollst; und dann — o Zephir, führe das Mägdchen weg! — dann sehe ich hin nach ihr, und bin traurig.

Jüngst lag sie im Klee, pflanzte Blumen in ihre Haare. Schöner war da ihre Wange,
wie

wie die Rose in der Hand des beginnenden Morgens; und weiß ihr Nacken, weisser noch, als der Schnee an der Felsenwand. Oft blickte ich nach ihr: doch wenn ihr Blick den meinigen begegnen wollte, Zephir! dann wollte ich reden, wollte sie um ihre Blicke fragen, allein — ich schämte mich.

Kein Bach reizt mich mehr, kein blumigtes Thal, nicht die Tänze der Hirten.

Und wenn die Nachtigall der Gegend ihre Lieder singt, werde ich schwermüthig, mein Herz klopft geschwinder, ich seufze. Wünsche, — ich kannte sie nie — Wünsche verdrengen einander; mein Gefühl ist verändert, eine geheime Sehnsucht — Führe das Mägdchen weg, Zephir! wie fürchte ich es! — Milon sagt, dies sey die Liebe.

Die bestrafte Untreue.

Verzeiht, ihr Schönen, einmal der Leyer, die euch ehret,
Ein minder schmeichelhaftig Lied,
Dem keine Grazie vielleicht ihr Lob gewehret,
Ach! vielleicht keine Rose blüht!
Ein Schäfer von der Fluhr mit Blicken im Gesichte,
Durch die ein tiefer Schmerz geliebter Schwermuth sprach,
Sang sie den Gegenden, die traurige Geschichte:
Ich singe sie zur Warnung nach.

* * *

Mein Mägdchen, sang Amynt, winkte einen andern in das Gesträuch. Ich sah die Treulose winken, als ich sie bey den Rosen suchen wollte; schlich von fern in das Gesträuch ihr nach, und lauschte.

Da sah ich, wie die Flatterhafte
Alcindorn in die Arme nahm,
Wie sie den Strauß vom Busen rafte,
Den sie erst heut von mir bekam.
Aber ich sah noch mehr. Sie küßten einander. — „Dich, Mägdchen, will ich lieben,
„zärtlich will ich dich lieben, versprich mir
„mit diesem Kusse dein Herz, und erwarte
„mich oft in den Rosen."

Das Mägdchen versprachs, und sie versiegelten den Bund mit Küssen. — Die Ungetreue! dachte sie nicht mehr an mich? vergaß sie es, daß mir ihr Herz schon gehörte, daß ich unglücklich wäre, wenn ich es verliehren müßte? — Tieferstaund stand ich, als ich sie dieses versprechen hörte. Dreymal, (wer kennet nicht die gewaltigen Wirkungen der Eifersucht!) dreymal wollte ich hervor gehn, und meine Rache sie fühlen lassen; dreymal hielt' mich die Wuth zurück. Ich flehete die Liebe an, mich zu rächen.

Sie thats; und ließ die flatterhaften Knaben
Zum Schutzgeist dieses Mägdchen haben. —

Und

Und du, sprach sie, der sonst nur Eine Schöne
geliebet hat, sey künftig gegen jede zärtlich,
nun ich das Mägdchen verwandle. Sie soll,
denn sie ist auch dein Schutzgeist, dich küssen
sehn, und bereuen, daß sie ungetreu war.

Nun hüpfe ich um aller Schönen Brust,
Und schwöre allen, sie zu lieben,
Und nenne jede meine Lust,
Und kann doch keine standhaft lieben.
Mein neuer Schutzgeist hört den Schwur,
Und sieht, wie ich die Mägdchen küsse,
Und härmt sich, daß er schmachten müsse,
Und wünscht, daß ich ihn gleichfalls küsse;
Allein vergebens nur.
Wie ängstlich schwebet er über mir! Ich
küsse: —— Er wird blaß. —— Mägdchen,
hütet euch vor der Strafe der Untreue!

Die Binde Amors.

Ha, Amor! wirf die Binde
Einmal vom Auge weg, und zeug im Sieg
 einher,
Und flattre mit dem Abendwinde
Durch frisch gekühlte Blumen her.
Du bahlst nur um verwelkte Busen,
Die Binde, Amor, hindert dich:
O wirf sie weg; die Busen,
Die jüngern, bessern Busen
Der Schönheit blühn für dich.

Spühreſt du nicht, wie sie unter dem Flohre sich sträuben, der sie, obgleich nur halb, vor den Augen der Knaben verstecket? Gern mögten sie lieben; aber eifersüchtige Sylphen bedecken sie unter glänzenden Schildern. O sähest du, wie sie dich höhnen! Bald, bald werden diese Sylphen den Liebesgöttern trotzen dürfen. — Amor war müde, diese Klagen stets von den Liebesgöttern zu hören. Schweigt, sprach er, furchtsame Gefährten der Wollust!

Ihr wißt, mir armen Kinde
Hat Venus diese Binde
Einst vors Gesicht gebunden,
Weil ich ihr nachgefunden,
Als Mars im Bad sie küssen wollte,
Und ich es nicht verrathen sollte,
Und weil ich es dennoch verrathen,
Was Mars und sie im Bade thaten.

Ich darf sie nicht lösen, bevor ich blinder Knabe zwanzig Herzen der Helden, zwanzig unfühlbare Herzen der Helden, mit Liebesbanden gefesselt habe. Aber wie sehr auch die Binde mich hindert, so weiß ich doch diese muthwilligen Sylphen zu zähmen. Er sprachs, haschte einen von ihnen, und eilte damit in die Laube des Weingottes. Evan lachte, da er den Sylphen, gleich einem Schmetterlinge, in den Händen Amors sah; alle Trinker lachten, und tauchten ihn in ihre Becher.

Da ward er voll vom Wein, und hüpfte
hin und wieder,
Und schüttelte sein bunt Gefieder.
Der dumme Sylphe grif
Nicht nach dem Schilde mehr, die Schönheit zu bewachen,

Und

Und lernte schwermen, lernte lachen,
Schrie taumelte, und rief
Die übrigen herbey, prieß die Gewalt der
    Becher:
Und jeder Sylphe lief,
Und tauchete sich in die Becher,
Und trank, und lermte, wie ein Zecher,
Und taumelte, bis er entschlief.

Jetzt eilete Amor mit allen Liebesgöttern, mit den Scherzen, mit dem Gefühle zu den Herzen der Mägdchen, hüpfte auf ihre Lilienbusen, und schmeichelte sie. Ach wie lange hatten die Busen schon unter dem Eigensinn ihrer Schutzgeister vergebens geklopfet! Und welcher Unterschied mußte es seyn zwischen den Liebkosungen Amors und dem Kaltsinn der Sylphen! — Sollen, sprach Amor, die Liebesgötter künftig eure Herzen bewachen, ihr Schönen? — Eine Wahl von der Art konnte nicht lange ungewiß bleiben;

Und jede von den Schönen schwuhr,
Daß künftig Liebesgötter nur
Ihr Herz bewachen sollten,
Und daß sie Amors Tändeley

Mit ihrer Sylphen Tyranney
Vertauschen wollten.

Die Sylphen erwachten, merkten daß sie betrogen waren, und eileten vor den Richtstuhl Cytherens. Die Göttinn lächelte, da sie so viele Kläger um sich versammelt sah; die Sylphen weinten, und wollten wieder die Herzen beschützen. Endlich sprach Venus: Schweigt, unruhige Genien! was wollet ihr mit den Herzen der Mägdchen? Längst gab ich sie in Amors Hand: sein Beruf sey es, für die Schönheit zu wachen.

Denn Schönheit zu beschützen,
Verdient nur der, der werth, die Schönheit zu besitzen.

„Aber Amor ist blind: eine Binde hängt ihm „vor dem Gesichte. Er wird die Mägdchen „nicht vor den Fallstricken der Buhlereyen „warnen."

Es ist wahr, erwiederte die Göttinn; ich habe Amorn mit dieser Binde gestraft, er wird die Mägdchen nicht vor den Fallstricken der Buhlereyen warnen; allein ich gab ihm die Quaalen der Liebe, wofür die Buhlereyen sich fürch=

fürchten. Gehet ihr hin, und bewachet den Putz der Mägdchen. Versäumt aber Amor, ein Herz zu gewinnen, o so gehöre es euch, so machet es stolz, und bedecket es ewig mit der Egide der Eigenliebe.

Da flohn die Sylphen davon,
Beschützeten das Haar der Schönen,
Die Blumen, die ihr Busen trägt,
Den Flohr, worunter sich der Busen sanft
    bewegt,
Die Rosen, die ihr Haupt umkrönen.
Allein Cytherens Sohn
Buhlt um die Schönheit her, die Herzen
    zu bewegen,
Täuscht sie mit Liebeslist, und alle Herzen
    regen
Nach seinem Winke sich, denn jedes kennt
    ihn schon.
O seht in jeder Brust die süsse Liebe keimen,
Weil alle Mägdchen zärtlich sind!
Ihr Sylphen, zwar Cupid ist blind,
Doch sollt' er hier ein Herz versäumen?

Amor und die Najaden. (*)

An einem Bach, der leicht durch blühn-
de Fluhren lief,
Warf Amor seine müden Flügel
Herab, und sanft entschlief
Der immer muntre Gott auf einem Rosen-
hügel.
Da schlichen die Najaden hin,
Und standen um ihn her, und alle lobten ihn.
Seht, Schwestern: welch ein Mund!
wie blühn die Lippen ihm!
Sprach eine, die ihm Beyfall lachte,
So laut, so ungestühm,
Daß Amor es vernahm, und von dem
Schlaf erwachte.
Nun flohn sie, Knabe, und dein Glück
Schien schon dahin zu seyn: o halte sie
zurück!
Heil dir, glücklicher Gott! — Verbirg
nur, wie du pflegst,
Die schlauen räuberischen Minen,

Den

(*) Nach dem Französis. des Kard. Bernis.

Den Bogen, den du trägst,
Und deine List; o Gott, verbirg, verbirg
sie ihnen! —
Er thuts: sie fürchten ihn nicht mehr,
Und sehn ihn freundlich an, und spielen um
ihn her.
Allein bald fühlen sie, statt sonst genoßner
Ruh,
Die Liebe tief im Busen nieder.
Ha, du Verräther du!
Schrie jede; welche Quaal! gieb uns die
Ruhe wieder.
Doch Cypripor entweicht, und spricht:
Wißt, Mägdchen, Amor raubt, und schenkt
die Ruhe nicht.

Der Lustwald.

Daphnis ergötzte sich mit seinem Mägd-
chen in einem einsamen Lustwalde,
Im Schatten grüner Finsternisse,
Wo Tändeleyen sicher gehn,
Und blühnder Schönen stille Küsse
Nur die verschwiegnen Weste sehn.

Amor, mit buhlerischer Miene, schwermte den Lustwald vorüber, ersah den Schäfer, und verweilete sich. ——

 Der Schäfer saß an seines Mägdchens Seite,
 Ganz Liebe, ganz Begeisterung:
 Wie war die Zärtliche doch heute
 So schön, so anmuthreich, so jung!
 Es spielte sein geheim Verlangen
 Um manchen Sitz verliebter Lust,
 Er klopfte ihre Rosenwangen,
 Und küßte ihre Lilienbrust.

Wie glücklich war nicht Daphnis! —— Ich hätte nur ein Schmetterling seyn, und auf diesem Busen die Wollust haschen mögen. Amor selbst ward durch so vielen Liebreiz betrogen. Ihr Götter, schrie er, indem er das Mägdchen für seine Mutter, für Cyprus unsterbliche Königinn hielt; ihr Götter! ist es möglich, daß dieses Glück ein Sterblicher genieße? Und mich,

 Mich, der ich zwar dem schönsten Kinde
 Manch neidenswürdig Mäulchen stahl;
 Mich sehen nie die Abendwinde
 An Venus Busen hier einmal?

         Plötz-

Plötzlich eilt er hinzu, die Göttinn der Zärtlichkeit gleichfalls zu küssen. —— „O stöhre „sie nicht, Amor! stöhre die Glücklichen nicht; „es ist Lalage in den Armen ihres Geliebꝛ „ten! —" Amor erkennt seinen Irrthum, verläßt nicht ohne geheimen Neid den Hayn, und ruft zur Ehre der Schönheit aus:

Wie glücklich ist ein Hirt, wenn ihm ein Mägdchen lacht,
Das Venus Bildung trägt, und Amorn neidisch macht!

Lange nachher hat man diese Worte noch in den Lustwäldern an die Rinden der Bäume eingegraben gefunden.

Lied der Vereinigung
zweyer Verliebten.

Der Abendstern blickte schon über die Berge, als Myrtill und Lucinde an einer murmelnden Quelle saßen, und den Frühling empfanden. Der Mond hatte bereits die Wipfel der Bäume versilbert, und spiegelte sich in den Bächen; die Wolken hülleten sich in den Schleyer der Nacht; einsame Stille beherrschte die Natur. Alles schwieg, schwatzende Westwinde gaukelten nur noch im Laube, und die klagende Nachtigall sang ihre Schwermuth dem Nachhall entgegen. Da sprach Myrtill, ganz von dem Glücke der Liebe begeistert: Weißt du es, wie ich dir einst ungetreu wurde, Lucinde? Welch ein Gefühl ists, wenn Verliebte sich zanken! — ich weiß es, antwortet das Mägdchen, ich weiß es, o mein Myrtill, wie auch ich dir einst ungetreu wurde. Welch ein Gefühl ists, wenn Verliebte sich zanken.

Myrtill: Noch, Mägdchen, singe ich das Lied, das ich an jenem glücklichen Tage unsrer Vereinigung dir brachte. Du sangst den Wechselgesang, und lohntest mich mit Küssen.

Lucinde: Singe mir, Schäfer das Lied, das du an jenem glücklichen Tage unsrer Vereinigung mir brachtest. Ich will den Wechselgesang singen, und dich mit Küssen lohnen. — So sangen Myrtill und Lucinde.—

Myrtill.

Myrtill.

Als meine Zärtlichkeit Lucinden noch gefiel,
Wie hab ich da gewünscht, von ihr geküßt
zu werden!.
Wie redlich liebte ich! es übertraf Myrtill
Selbst die beglücktesten der Erden.

Lucinde.

Eh du dein untreu Herz Lucinden noch
entwandt,
Und es voll Wankelmuth für andre Mägd=
chen brannte;
Wer prieß Lucinden nicht! da ward sie nur
genannt,
Wenn man geliebte Mägdchen nannte.

Myrtill.

Nunmehro fesselt mich Fatimens schön
Gesicht
In beßrer Sklaverey mit sanften Rosen=
ketten.
Für sie schlägt meine Brust, zu sterben scheut'
ich nicht,
Könnt ich nur die Geliebte retten.

Lucinde.

Mich küßt der schönste Hirt, der lächeln=
de Irin,

Und

Und zur Erkenntlichkeit liebt ihn Lucinde
wieder;
Auch sie scheut nicht den Tod, sie eilete für ihn
Gern zweymal zum Cocytus nieder.
Myrtill.
Wie aber, wenn Myrtill die Schmeiche-
ley verschmäht,
Die um Fatimen ihn so angenehm verweilet?
Und wiederum, wie sonst, die alte Neigung
späht,
Und wieder zu Lucinden eilet?
Lucinde.
Irin ist reizender, als eine Frühlingsfluhr,
Du aber flücht'ger, als der Ostwind, der
Verderben
Durch Blumenbetten trägt: und dennoch
wünsch ich nur,
Mit dir zu leben und zu sterben. —
Sie schwiegen, und fühlten alle Wollust, wel-
che die Zärtlichkeit den beglückten Verliebten
gewehret. Kaum wagte der Nachhall, durch
sein Geschwätz ihre Empfindung zu stöhren.
Der Mond verließ die Schöne auf dem Mun-
de, in den Umarmungen ihres Geliebten; die

Lerche

Lerche begunnte ihr Loblied, der Thau triefte bereits von den Rosenfingern Aurorens, als Myrtill und Lucinde sich in ihre Hütten begaben.

Die Grotte der Trinker.

Mit Traubenkränzen in den Haaren
Saß Bacchus bey berauschten Schaaren
In seiner Grott', und lehrte sie
Die Freuden lauschten an der Grotte;
Denn von dem rebenreichen Gotte
Entfernen sie sich nie.

Seine Rechte war statt des Thyrsus mit einer Hippe gewafnet. Weit umher thöneten Dithyramben und Trinklieder, nach welchen Mänaden, mit dem Becher in der Hand, muthig einander entgegen taumelten.

Erlaube, o Vater, dir deine Lieder nachzusingen, die gleich einer mächtigen Waldfluth daher ströhmten.

Du sangst: wie Jupiter einst den Olymp
verließ,

Die schöne Semele besiegte,
In ihrem Arm sich glücklich prieß,
An ihrem Busen sich vergnügte. —

Juno empfand diese neue Untreue. Noch hatte sie die Schmach nicht vergessen, daß Alcid wider ihren Willen unter die Götter war aufgenommen worden. Und wenn man den Dichtern glauben darf, so hat die Schwester des Donnerers mit den sterblichen Schönen ausser dem Liebreiz auch noch die Eifersucht gemein. Ihr Auge glüht drohende Wuth; und nimmer, nimmer lächelt es ruhig, als wenn Eurymedon ihre Schönheit bewundert.

Man darf nur schön seyn, nur geliebet werden, wenn man die Rache eines Weibes verdienen will. Zittert also, ihr Mägdchen! Ach sie verleitet die Nymphe zu einer verwegnen Bitte! Jupiter schwört: und Semele — Die Wehmuth verbietet mir, ihre Geschichte zu vollenden. —

Drauf sangst du: wie Saturnus Sohn,
Dir Götterknaben stets gewogen,
Der Wuth der Juno dich entzogen;
Dann, wie Merkur mit dir entflohn,

Und

Und dich die Nymphen groß gezogen:
Auch, wie Burgundermost entstand,
Der Göttern selbst die Stirne heitert,
Wenn Ganymed mit weicher Hand
Ihn in die Nektarschaalen läutert. —

Beyfall floß, da der Weingott schwieg, den frölichen Trinkern vom Munde. Manch jauchzendes Evohe belohnete seine Gesänge, und alle Stirnen glühten von hochaufwallender Freude. So singt ein glücklicher Dichter der Liebe zärtliche Lieder, die der Nachhall umher trägt. Zephir vernimmt sie, breitet sein Gefieder über den Sänger aus, und kühlt ihm die glänzende Wange. — Aber Silen pries vor allen die Harmonie der Gesänge Evans.

Er nennet seine Lieder schön,
Und weynt, wie sehr sie ihn entzücket,
Nachdem er lächelnd bald Lyä'n,
Bald seinen Becher angeblicket,
Der ihn vielleicht noch mehr entzücket.

Ja, sprach er, und schwur dazu: schön ist der kommende Herbst, wenn er die Frucht des Weinstocks auf der emsigen Kelter quetscht; doch beym Styx! schöner noch sind die Hymnen

nen des Weingotts. Geh, Knabe, und hole mir frische blinkende Flaschen des besten Chierweins: alle, alle will ich sie leeren, dir, Bacchus, zu Ehren! — Doch Bacchus war nicht in der Grotte. Dunkel ward da das fröliche Auge der Trinker, forschte nach seiner Gottheit hin, und breitete über die Fluhr sich weg, sie zu spähen.

„Ach vielleicht scherzt er in glücklichern Ge-
„filden, wo Rhodope der hochthönenden Laute
„horcht, und die Töchter Sythoniens tanzen."

Und sie fanden ihn nicht auf den fruchttreichen Bergen, die an der Sonne ihre Reben wärmen, nicht in den Thälern der Scherze. Die Schönheit hatte ihn an die Seite einer Nymphe gefesselt, wo er die Sorgen der Gottheit zerstreut, und, von Wollust der Liebe berauscht, nur spät erst wider die Trinker beseelet.

Gelübde der Schönheit.

Amor schlief in den Haynen Idaliens. Cephise und ich sahen ihn schlafen.
Er lag auf duftend weichem Moos,
Ein Kranz von blühnden Veilchen floß
Ihm von der Götterstirne nieder,
Der Schatten kühlte sein Gefieder.
Denn Zephir, der sonst gern beym Liebes-
   gott verweilt,
War jetzt, vielleicht auf holden Rosen
Ein reizend Mägdchen liebzukosen,
Zu einer Grotte hingeeilt.

O wie lachte Cephise, da sie den Gott der Liebe schlummern sah! —— Damon, sprach sie schalkhaft, ich muß dem Knaben die Mühe lohnen, mit der er uns Mägdchen täuscht. Mit einem Blumenbande will ich ihn an das Rosengebüsch fesseln an dem er so sanft schläft. Dann sollen Schäfer und Nymphen ihn sehn, und seiner spotten, daß er auch einmal gebunden ist, der wachsame Knabe.

Sie sprachs, lief zu den Blumenbetten,
Und brach mit schöner Hand

Die besten Rosen, die sie fand,
Und flochte sanfte Liebesketten,
Mit welchen sie den Schläfer band.
Dann rief sie Knaben im Gesträuche
Von ihrer Mägdchen Seite weg,
Rief Schönen in dem Thal, rief Schönen
    an dem Teiche
Vom Teich und aus dem Thale weg:
Und alle flohn hinzu, umtändelten den
   Knaben,
Und jede der Hirtinnen grif,
(Denn jede wollte Theil an dem Gespötte
   haben,)
Den Strauß vom Busen weg, und warf
   ihn nach dem Knaben,
Der noch einmal so sanft in seinen Fesseln
   schlief.
Amor, erwachte von dem Getümmel, fühlte die Bande, und lachte. — „Löset mich, lö=
„set mich, Mägdchen!" — Aber die Mägd=
chen löseten ihn nicht.

 Versprich uns, sprachen alle,
 Eh wir die Bande lösen,
 Daß deine Liebeslisten
 Uns künftig an die Schäfer

      Nicht

Nicht weiter fesseln sollen.
Versprich uns, daß die Schäfer
Statt dessen unsre Fessel,
Die Fessel unsrer Schönheit
Geduldig tragen werden.

Werden denn, erwiederte Amor, die Schäfer auch wollen? — Und die Schäfer gelobten, daß sie es wollten, wenn nur die Mägdchen nicht ungetreu würden.

Da banden sie Cypriporn auf, der in den Schooß seiner Mutter zurück flog. Die Schäfer küßten die Mägdchen, tanzten mit in einander gewundenen Armen, und sangen zu Ehren der Liebe:

Alle,
Heil dem lächelnden Gott, der unter Rosen
    entschlummert!
Heil Erycinens Sohn.

Ein Mägdchen,
Nun, Schwestern, will ich mich
Mit frischern Blumen schmücken:
Du Busen! ich verschönre dich,
Myrtill mag dich beglücken.
Wie zärtlich blicket er dir zu,
O Busen, Busen! walle du

Ganz Liebe, ganz Entzücken!
Alle,
Heil dem lächelnden Gott, der unter Rosen
entschlummert!.
Heil Erycinens Sohn!
Ein Schäfer,
Sanft blüht die Rose, die im May
Ein leichter Morgenwind umfächelt,
Doch reizender, und sanfter lächelt
Der Mägdchen süsse Schmeicheley.
Euch Wangen, die die Schönheit malet,
Euch blühnde Wangen, segne ich;
Wie liebenswürdig seyd ihr! strahlet,
O strahlet stets für mich!
Alle,
Heil dem lächelnden Gott, der unter Rosen
entschlummert!
Heil Erycinens Sohn!
Amor lohnte die Lieder mit göttlichem Beyfall, und machte diesen Tag zum Feste, an welchem man in Paphos die Gelübde der Schönheit begeht.

An Chloe.

Wo unterm Bilde junger Musen
Ein Dichter blühnde Mägdchen küßt,
Und Cypripor für sanfte Busen
Mehr Schutzgott, als Apollo, ist,
Da hat auch dir vor allen Schönen
Ein heilger Weyhrauch oft geglimmt,
Da, Chloe, hast auch du zu schmeichelhaf-
ten Thönen
Mir meine Leyer eingestimmt.
So hatte schon seit manch Jahrhundert
Der schönste Dichter dich gekannt,
Dich in Terpsychoren bewundert,
Dich in Melpomenen genannt:
Stets fand der beste der Poeten
In Chloens Beyfall Ruhm und Glück,
Und die Begeistrung aller Flöten
War Chloens Lächeln, Chloens Blick.

Ja selbst der Schutzgott der Poeten,
Apoll, wetteiferte einst gegen den Merkur.
Leicht, wie ein Abendwind, erthönten ihre
Flöten,
Und reizend, wie die Frühlingsfluhr.

Die

Die leichte Echo im Gesträuche
Trug ihre Lieder weit umher;
Im blühnden Thal und an dem Teiche
Erthönte der Gesang umher.
Des Peneus Silberwellen spühlten
Mit sanfterm Murmeln an den Strand,
Die Weste auf den Wipfeln fühlten,
Aemonien empfand. —
   Mir gab der Gott die Dichterflöte,
Indem er zum Parnaß entwich,
Sie aber, seine sanfte Flöte,
Erthönt in meiner Hand nur minder sanft
     für dich.
Doch wenn ich in geheimer Stille,
O Mägdchen! deinen Werth gefühlt,
Hat sie mir in geheimer Stille
Apollens Lieder vorgespielt.
Dann sang ich: Grazie der Schönen,
Zwar Liebesgötter ehren dich;
Wird auch ein Dichter einst dein Herz ver=
     dienen können,
Dein himmlisch Herz, so, Chloe, liebe mich.

Ende.

Inhalt.

	S.
An Selinden	1
Die verfolgte Najade	3
Der Schutzgeist der Ehen	5
Die Schöpfung der Rose	8
Cytherens Nymphe	10
Geschichte des Schmetterlings	14
Der Triumph	17
Die Rache	21
Der Schwaan der Venus	23
Elmire	26
Lehren der Liebe	27
Die Buhlerinnen	31
Bacchus	33
Klagen	37
Der böse Traum	39

Inhalt.

S.

Der Mägdchenraub	42
Myrtill	44
Die bestrafte Untreue	46
Die Binde Amors	49
Amor und die Najaden	54
Der Lustwald	55
Lied der Vereinigung zweyer Verliebten	57
Die Grotte der Trinker	61
Gelübde der Schönheit	65
An Chloe	69